Erna Härtl

Weihnachtss~~~~
aus Perlen

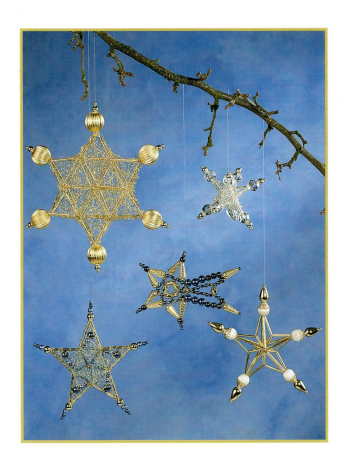

frechverlag

Im frechverlag sind viele weitere Weihnachts- und Perlenbücher erschienen:

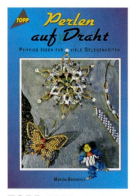

TOPP 1894

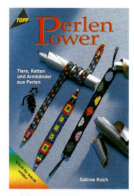

TOPP 2356

TOPP 2485

TOPP 2385

TOPP 2517

TOPP 2518

Ideen, Muster und Entwürfe: Erna Härtl
Computergrafik: Christian Härtl, Krummennaab
Fotos: Fotostudio Peter Eberts, Bamberg
Ich danke den Firmen Schmuck-art, Hallbergmoos, und Stenboden, Skjern, Dänemark,
für die freundliche Unterstützung.

Auflage:	5.	4.	3.	2.	1.	Letzte Zahlen
Jahr:	2003	2002	2001	2000	1999	maßgebend

© 1999

frechverlag GmbH + Co. Druck KG, 70499 Stuttgart

ISBN 3-7724-2521-6 · Best.-Nr. 2521   Druck: frechverlag GmbH + Co. Druck KG, 70499 Stuttgart

VORWORT

Eisiger Wind und Schnee fegen um das
Haus. Plätzchen- und Tannenduft zieht durch
die warme Stube. Die Familie sitzt
mit Freunden gemütlich zusammen –
Bastelzeit ist angesagt.

Selbst etwas herzustellen und zu gestalten,
dazu möchte ich Sie mit meinem
Buch „Weihnachtsschmuck aus Perlen" anregen.

Mit wenigen Hilfsmitteln,
dafür aber mit sehr viel Kreativität,
können Sie aus bunten Perlen, böhmischen
Glasstäben und edlem Draht
einzigartige Kostbarkeiten schaffen.
So entstehen wunderschöne, glitzernde Sterne,
Glocken, Engel und Zapfen.

Mit anschaulichen Bildern,
detaillierten Zeichnungen und ausführlichen
Anleitungen wird Ihnen das Nacharbeiten
ganz einfach gemacht.

Viel Freude dabei wünscht Ihnen Ihre

Erna Härtl

Material und Werkzeug

Wachsperlen in verschiedenen Größen
Metallperlen und Oliven
Glasstäbe
Messingdraht, Ø 0,3 mm und 0,4 mm
Bouillondraht, zackenkraus, Ø 2 mm oder
3 mm, gold und silber
Perlendraht
Zange zum Abzwicken des Drahtes

Einfache Sterne

Gerade Kinder lieben es, in der Weihnachtszeit
zusammen mit der Familie dekorativen
Christbaumschmuck herzustellen. Mithilfe der
Zeichnungen ist der Aufbau der Sterne leicht zu
erkennen. Einfach nachfädeln und bald erstrahlt
ein prächtiger Stern!

Stern „Isi", Ø 7 cm
(kleine Sterne links und rechts oben)

Material für Stern	links	rechts
5 Wachsperlen, Ø 8 mm	silber	kupfer
Wachsperlen, Ø 4 mm	5 braun	35 braun
30 Wachsperlen, Ø 4 mm	kupfer	--
10 Wachsperlen, Ø 3 mm	kupfer	kupfer
10 Tropfenperlen	silber	silber

80 cm Messingdraht, Ø 0,4 mm

5 silberne Wachsperlen, Ø 8 mm, auf den Draht
fädeln und ein Drahtende durch die letzte Perle
gegenfädeln (Zeichnung 1).
Auf ein Drahtende fädeln Sie: 1 braune Perle,
Ø 4 mm, 3 kupferfarbene Perlen, Ø 4 mm,
1 silbernen Tropfen und 2 kupferfarbene
Perlen, Ø 3 mm.
Dann den Draht durch die vorletzte Perle zurückfädeln. So bilden Sie die Spitze.
Fädeln Sie weiter: 1 silbernen Tropfen,
3 kupferfarbene Perlen, Ø 4 mm, 1 braune
Perle, Ø 4 mm. Durch die letzte braune Perle
das zweite Drahtende gegenfädeln. Den ersten
Fädeldraht durch die nächste Perle, Ø 8 mm,
silber, weiterführen (Zeichnung 2). So alle
anderen vier Zacken arbeiten. Die Drähte
miteinander verdrehen und abschneiden.

Stern „Ina", Ø 9 cm (unten links)

5 Wachsperlen, Ø 8 mm	silber
15 Wachsperlen, Ø 4 mm	braun
10 Metallwalzen, 17 mm	silber
5 Wachsperlen, Ø 8 mm	braun
5 Wachsperlen, Ø 4 mm	silber
5 Wachsperlen, Ø 3 mm	silber

1 m Messingdraht, Ø 0,4 mm

Stern „Ida", Ø 10 cm (unten rechts)

10 Wachsperlen, Ø 8 mm	braun
30 Wachsperlen, Ø 4 mm	silber
5 Wachsperlen, Ø 6 mm	braun
5 Wachsperlen, Ø 3 mm	silber
10 Oliven, 15 mm	silber

1 m Messingdraht, Ø 0,4 mm

Beide Sterne werden nach dem gleichen Schema
wie der Stern „Isi" gearbeitet.

Zeichnung 1

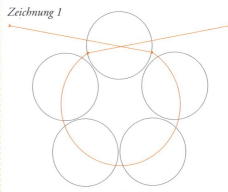

Zeichnung 2

Elegante Sterne

„Diana", Ø 8,5 cm

Der Zauber der eleganten Sterne liegt in der einfachen grafischen Struktur der geriffelten goldenen Tropfenperlen.

Material für Stern	grün	lila	blau
Kegelperlen, gold	5	5	5
Wachsoliven, 6 mm	10	10	5
	regenbogen	lila	blau
Wachsperlen, Ø 3 mm	--	10	10
		regen-bogen	
Wachsperlen, Ø 4 mm	10	10	10
	grün+blau	blau	regenbogen
Wachsperlen, Ø 6 mm	5	5	5
	regenbogen	lila	blau
Tropfenperlen, gold	10	10	10

1,40 m Messingdraht, Ø 0,4 mm

Dieser Stern wird in drei Runden gearbeitet. Beschrieben wird der Stern in Lila.
Die 5 Kegelperlen auffädeln, zu einem Kreis zusammenfügen und ein Drahtende gegenfädeln (Zeichnung 1).
Auf ein Drahtende fädeln Sie: 1 Perle, Ø 3 mm, regenbogen, 1 Olive, lila, 1 Perle, Ø 4 mm, blau, 1 Olive, lila, 1 Perle, Ø 3 mm, regenbogen. Durch die letzte regenbogenfarbene Perle wird das zweite Drahtende gegengefädelt. Den ersten Fädeldraht durch die nächste Kegelperle weiterführen (Zeichnung 2).
Diesen Vorgang noch viermal wiederholen.
Bei Rundenende einen Draht fixieren und ab-schneiden (in der Zeichnung mit einem Punkt gekennzeichnet).
In der dritten Runde den Draht zunächst durch eine lila Olive der Vorrunde führen.
Weiterfädeln mit: 1 Tropfenperle, gold, 1 Perle, Ø 6 mm, lila, 1 Perle, Ø 4 mm, blau, 1 Perle, Ø 3 mm, regenbogen. Den Draht durch die Perle mit Ø 4 mm und Ø 6 mm zurückführen und so die Spitze bilden.
Eine Tropfenperle auffädeln und den Draht durch die blaue Perle, Ø 4 mm, der Vorrunde führen (Zeichnung 3). Diesen Vorgang noch

viermal wiederholen. Den Draht fixieren und abschneiden.

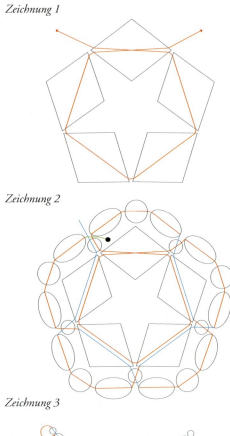

Zeichnung 1

Zeichnung 2

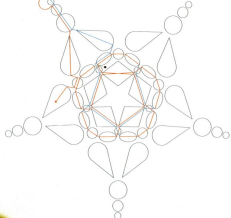

Zeichnung 3

Der Komet

Grundmodell

7 Kegelperlen, Ø 18 mm	gold
6 Wachsperlen, Ø 3 mm	blau
22 Wachsperlen, Ø 4 mm	blau
16 Wachsoliven, 6 mm	regenbogen
12 Wachsperlen, Ø 6 mm	regenbogen
6 Wachsperlen, Ø 8 mm	blau
10 Tropfenperlen, Ø 15 mm	gold

1,80 m Messingdraht, Ø 0,4 mm

Material für Stern	rot	lila	weiß
Wachsperlen, Ø 8 mm	5	10	5
	rot+gold	lila	gold+weiß
Tropfenperlen, gold	10	10	10
Wachsoliven	10	10	10
	rot	regenbogen	weiß
Wachsperlen, Ø 3 mm	5	5	5
	rot	gold	weiß
Wachsperlen, Ø 4 mm	15	15	15
	rot	regenbogen	weiß
Wachsperlen, Ø 6 mm	5	5	5
	rot	blau	weiß

1,40 m Messingdraht, Ø 0,4 mm

Der Komet ist eine Weiterführung des Sternes „Diana". Arbeiten Sie den Stern nach der Anleitung auf Seite 6 bis zum Beginn der letzten Zacke.

Fädeln Sie nun auf den Draht: 3 Perlen, Ø 8 mm, blau, 3 Perlen, Ø 6 mm, regenbogen, 1 Tropfenperle, gold, und 1 Perle, Ø 3 mm, blau. Führen Sie den Draht durch die Tropfenperle zurück und bilden Sie so die erste Schweifspitze.

Fädeln Sie weiter: 1 Perle, Ø 6 mm, regenbogen, 2 Perlen, Ø 4 mm, blau, 1 Kegelperle, gold, 1 Olive, regenbogen, 1 Perle, Ø 4 mm, blau, 1 Olive, regenbogen, 1 Perle, Ø 4 mm, blau, 1 Olive, regenbogen, 1 Kegelperle, gold.

Legen Sie den Draht um die blaue Perle des Sterns und fädeln Sie ihn durch die Kegelperle zurück. Weiter auffädeln: 1 Olive, 1 Perle, 1 Olive, 1 Perle, 1 Olive. Den Draht durch die obere Schweifkegelperle führen und den Schweif gegengleich beenden. Draht fixieren und abschneiden.

Stern „Carla"

Ø 9 cm

Dieser dekorative und edel glänzende Stern wird ebenfalls wie der Stern „Diana" auf Seite 6 gearbeitet. Lediglich die Zackenspitze wird hier mit vier Perlen gebildet.

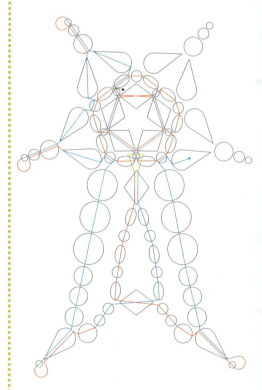

Glocken und Engel

Kleine Glocken und süße Engel sind eine wunderschöne Ergänzung zu den bereits gefertigten Sternen.

Glocke

Material für Glocke	rot	weiß
Oliven, 6 mm	31	42
	gold	weiß
Wachsperlen, Ø 8 mm	12	6 + 7
	rot	gold+weiß
Wachsperlen, Ø 4 mm	25	16
	rot	gold
Wachsperlen, Ø 3 mm	19	8
	rot	weiß
Perlenkapsel, gold	1	1

| 1,80 m Messingdraht, Ø 0,3 mm | | |

Für die rote Glocke benötigen Sie noch 1 lange goldene Tropfenperle; für die weiße 1 Perlentraube.

Die Glocke wird in fünf Runden gearbeitet. Beschrieben wird die rote Glocke.
1. Runde: 5 Wachsperlen, Ø 8 mm, rot, auffädeln, zu einem Kreis zusammenfügen und ein Drahtende gegenfädeln (Zeichnung 1). Darauf achten, dass ein Drahtende nur noch 15 cm lang ist.
2. Runde: Auf das kurze Drahtende fädeln Sie: 1 Perle, Ø 3 mm, rot, 1 Olive, gold, 1 Perle, Ø 4 mm, 1 Olive, gold, 1 Perle, Ø 3 mm. Durch die letzte rote Perle wird das zweite Drahtende gegengefädelt. Den kurzen Fädeldraht durch die nächste Wachsperle, Ø 8 mm, des Kreises weiterführen (Zeichnung 2). Diesen Vorgang noch viermal wiederholen und die zweite Runde schließen. Kurzes Drahtende fixieren und abschneiden.
3. Runde: Draht durch eine Olive der 2. Runde ziehen. Auffädeln: 1 Olive, 1 Perle, Ø 4 mm, rot, 1 Olive. Draht durch die rote Perle, Ø 4 mm, der Vorrunde führen. Viermal wiederholen und 3. Runde beenden.
4. Runde: Runde 3 wiederholen.
5. Runde: Abschluß: Fädeln Sie auf den Draht je 1 rote Perle, Ø 3 mm, Ø 4 mm, Ø 6 mm, Ø 4 mm, Ø 3 mm. Den Draht durch die rote

Perle, Ø 4 mm, der Vorrunde führen. Noch viermal wiederholen und die Runde schließen. Drahtende fixieren und abschneiden.
Klöppel: Auf einen 25 cm langen Messingdraht 1 rote Perle, Ø 3 mm, fädeln und Draht doppelt legen. Weiterfädeln: 1 langer Tropfen, 1 Olive, 1 Perle, Ø 8 mm, rot. Den Draht durch die Glockenkuppel führen. 1 rote Perle, Ø 8 mm, 1 Perlenkapsel und 3 Perlen, Ø 3 mm, auffädeln. Bilden Sie mit den 3 Perlen den Aufhänger. Fixieren Sie den Draht und schneiden Sie ihn ab.

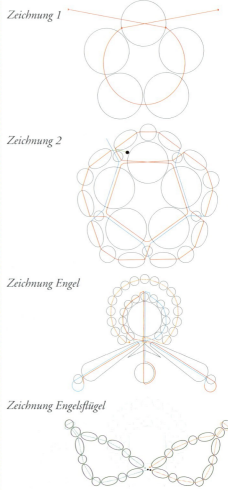

Zeichnung 1

Zeichnung 2

Zeichnung Engel

Zeichnung Engelsflügel

Beschreibung der Engel siehe Seite 12.

Engel
(Abbildung Seite 11)

Material für den Rock	weiß	rot
Wachsperlen, Ø 8 mm	10	10
	gold	rot
Wachsperlen, Ø 4 mm	25	25
	gold	rot
Wachsperlen, Ø 3 mm	15	15
	weiß	rot
Wachsoliven, Ø 6 mm	30	30
	weiß	gold

Zusätzlich benötigen Sie für die Teile:
Körper: 2 Perlen, Ø 8 mm, gold oder rot und 1
Perlenkapsel, gold.
Hände: 2 große Tropfen, silber oder gold und
2 Perlen, Ø 4 mm, rot oder gold.
Kopf: Riffelperle, Ø 12 mm, silber
Haarkranz, Flügel, Heiligenschein: 25 Perlen, Ø 3
mm, weiß, 17 Perlen, Ø 4 mm gold, 14 Oliven,
weiß.

Beginnen Sie mit dem Rock. Dieser wird
genauso gearbeitet wie die Glocke von Seite 10.
Nach der Zeichnung auf Seite 10 fertigen Sie
Körper, Kopf, Haar, Heiligenschein, Hände.
Auf 50 cm Draht 1 Perle, Ø 8 mm, ziehen,
Draht doppelt legen. Beide Drahtenden von
unten durch die Mitte der Rockkuppel ziehen.
Auf beide Drähte die große Perlkapsel, die
Riffelperle und 1 Perle, Ø 3 mm, ziehen.
Drähte trennen, auf jedes Ende 6 Perlen,
Ø 3 mm, fädeln. Dann um die Riffelperle legen
und einmal um den Hals wickeln. Für die
Hände auf jeden Draht 1 Tropfenperle und 1
Perle, Ø 4 mm, fädeln. Draht durch Tropfen-
perle zurückfädeln, Draht am Hals befestigen.
Engel wenden, Flügel fädeln (Zeichnung).
Drähte am Hals festwickeln, abschneiden.

Tannenzapfen

Duftendes, mit Zapfen bestücktes Tannengrün
regte mich zur Gestaltung dieser Form an. Die
Zapfen eignen sich hervorragend als
Fensterdekoration.

Material für Zapfen	
10 Wachsperlen, Ø 4 mm	braun
65 Wachsperlen, Ø 4 mm	gold
90 Wachsoliven	braun
1 Perlenkapsel	gold

3 m Messingdraht, Ø 0,3 mm

Für den rechten Zapfen außerdem:
20 Zieroliven, 15 mm, gold
7 Wachsperlen, Ø 6 mm, braun

Für den linken Zapfen außerdem:
20 Kegelperlen, Ø 6 mm, gold
22 Wachsperlen, Ø 4 mm, braun
5 Strasskugeln, Ø 6 mm, gold

Auch der Tannenzapfen wird nach dem schon
vertrauten Fädelprinzip der Glocke (s. S. 10)
gearbeitet. Beginnen Sie mit der Zapfenspitze.

Anleitung für Zapfen rechts:
1. Runde: 5 Perlen, Ø 4 mm, braun
2. Runde: 10 Oliven, braun, 5 Perlen, Ø 4 mm
3. Runde: 10 Oliven, braun, 5 Perlen, Ø 4 mm
4. - 7. Runde: wie 3. Runde arbeiten
8. Runde: 10 Oliven, gold, 5 Perlen, Ø 6mm
9. Runde: 10 Oliven, gold, 5 Perlen, Ø 4 mm
10. - 12. Runde: wie 3. Runde arbeiten
13. Runde: Draht nochmals durch die letzte
Runde Goldperlen ziehen und dabei immer 1
braune Perle, Ø 4 mm, zwischenfädeln. Draht
kräftig anziehen, fixieren und abschneiden.
Aufhängung: Einen etwa 15 cm langen Draht
doppelt legen und beidseitig in den letzten
Perlenring einhängen. Beide Drahtenden durch
1 Perle, Ø 6 mm, braun, eine Perlenkappe,
1 Perle, Ø 6 mm, und 5 Perlen, Ø 4 mm, gold,
ziehen. Mit den goldenen Perlen einen Ring
bilden. Draht fixieren und abschneiden.

Anleitung für Zapfen links:
Arbeiten Sie Runde 1 - 7 wie beim rechten
Zapfen.
8. Runde: 10 Kegelperlen, 5 Strasskugeln,
10 Perlen, Ø 4 mm, braun
9. Runde: 10 Kegelperlen, 5 Perlen, Ø 4 mm,
gold, 10 Perlen, Ø 4 mm, braun
10. - 13. Runde und Aufhängung: s. rechter
Zapfen.

Dreidimensionale Glassterne aus dem Steinwald

Grundmodell, Ø 9 cm
(blauer Stern in oberer Bildmitte)

16 Glasstäbe, 15 mm	gold
10 Glasstäbe, 20 mm	hellblau
5 Wachsperlen, Ø 4 mm	blau
5 Wachsperlen, Ø 8 mm	blau

Ca. 40 cm Bouillondraht, zackenkraus, Ø 2,5 mm, gold	
80 cm Messingdraht, Ø 0,4 mm	

Auf den Draht 3 goldene Stäbe fädeln und damit ein Dreieck formen (Zeichnung 1). Das eine Drahtende um den Fädeldraht verdrehen. 2 weitere Stäbchen auf den Draht nehmen und damit das zweite Dreieck bilden.
Den Draht an die erste Dreieckspitze schlingen (Zeichnung 2). Diesen Vorgang so oft wiederholen, bis Sie 5 Zacken haben.
Dann den Draht durch ein Stäbchen zur Zackenspitze fädeln. 1 Stäbchen aufnehmen, zur nächsten Zackenspitze legen und diese mit dem Draht umschlingen (Zeichnung 3). Diesen Vorgang wiederholen, bis alle Zacken verbunden sind.
Für die Sternspitze 1 blauen Stab, 1 Perle, Ø 8 mm, blau, 1 Perle, Ø 4 mm, blau, aufnehmen. Den Draht durch die blaue Perle, Ø 8 mm, zurückfädeln. Erneut 1 blauen Stab aufnehmen und den Draht anschlingen (Zeichnung 4). Diesen Vorgang wiederholen, bis der Stern fertig ist. Draht fixieren und abschneiden. Den Stern mit Bouillondraht gleichmäßig umspinnen, dabei den Draht sehr weit auseinanderziehen.

Alle auf Seite 15 abgebildeten Sterne werden nach diesem Grundmodell gearbeitet. Größe und Aussehen sind abhängig vom verwendeten Material.

Stern „Lizzi", Ø 14 cm (weiß)

11 Glasstäbe, 15 mm	silber
10 Glasstäbe, 25 mm	silber
10 Perlenwalzen, 16 mm	gold

5 Wachsperlen, Ø 16 mm	weiß
5 Wachsperlen, Ø 3 mm	gold
5 Tropfenperlen, 10 mm	gold

1,40 m Messingdraht, Ø 0,4 mm	
50 cm Bouillondraht, zackenkraus, Ø 3 mm, gold	

Stern „Maria", Ø 11 cm (rot)

16 Glasstäbe, 10 mm	gold
10 Glasstäbe, 20 mm	rot
5 Wachsperlen, Ø 10 mm	gold
Je 5 Wachsperlen, Ø 8 mm, 6 mm, 3 mm	rot

1,10 m Messingdraht, Ø 0,4 mm	
40 cm Bouillondraht, zackenkraus, Ø 3 mm, gold	

Seitenansicht

Zeichnung 1   *Zeichnung 2*

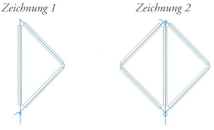

Zeichnung 3

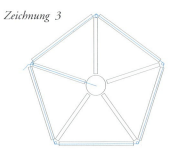

Zeichnung 4

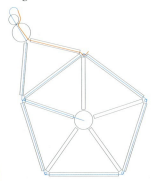

Gefüllte Sternenzacken

Eine zusätzliche Gestaltungsmöglichkeit ist das Füllen der Sternenzacken mit verschiedenen Perlen.

Der Stern wird zunächst nach dem Grundmodell (siehe Seite 14) gearbeitet. Den Draht nicht abschneiden.
Fädeln Sie auf den Draht: Je 1 Perle, Ø 3 mm, 8 mm, 3 mm. Legen Sie ihn locker zwischen die Stäbe der Sternzacken und umschlingen Sie die nächste Ecke (siehe Zeichnung). Diesen Vorgang noch viermal wiederholen. Den Draht fixieren und abschneiden.

Stern „Ester", Ø 14 cm

Stern in der Farbe:	grün	kupfer	blau
Glasstäbe, 20 mm	16	16	16
	gold	silber	silber
Glasstäbe, 30 mm	10	10	10
	grün	gold	blau
Wachsperlen, Ø 3 mm	10+5	15	15
	gold+grün	kupfer	silber
Wachsperlen, Ø 6 mm	5	5	5
	türkis	gold	türkis
Wachsperlen, Ø 8 mm	10	10	10
	blau	kupfer	blau
Wachsperlen, Ø 10 mm	5	--	--
	gold	--	--
Wachsperlen, Ø 12 mm	--	--	5
	--	--	rauchblau

2 m Messingdraht, Ø 0,4 mm
50 cm Bouillondraht, Ø 2,5 mm, gold und silber

Glasstern „Erika", Ø 12,5 cm (blau)
Abbildung Seite 19, oben

16 Glasstäbe, 20 mm	hellblau
10 Glasstäbe, 30 mm	gold
10 Wachsperlen, Ø 3 mm	blau
10 Wachsperlen, Ø 4 mm	blau
10 Wachsperlen, Ø 6 mm	hellblau
5 Wachsperlen, Ø 8 mm	gold, blau

2 m Messingdraht, Ø 0,4 mm
50 cm Bouillondraht, Ø 2,5 mm, gold

Die Füllung dieses Sternes erinnert an ein altes Häkelmuster, den Schleuderstern.

Fädeln Sie zunächst den Stern nach dem Grundmodell auf Seite 14.
Für die Füllung aufnehmen: je 1 blaue Perle, Ø 3 mm, 4 mm, 6 mm und 8 mm.
Den Draht schräg nach oben zur Zackenspitze führen und die beiden großen, goldenen Glasstäbe umschlingen. Den Draht zwischen der Perle, Ø 6 mm und Ø 8 mm zurück zur nächsten Ecke führen und diese umschlingen (siehe Zeichnung). Diesen Vorgang noch viermal wiederholen. Draht fixieren und abschneiden. Den fertigen Stern mit Bouillondraht umspinnen.

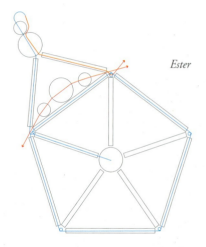

Ester

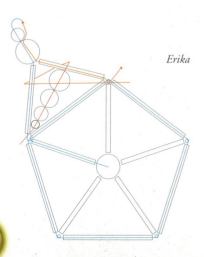

Erika

Glasstern „Monika", Ø 14 cm (gold-weiß)
unten

26 Glasstäbe, 20 mm	silber
10 Glasstäbe, 30 mm	gold
10 Glasstäbe, 10 mm	gold
15 Wachsperlen, Ø 4 mm	silber
5 Wachsperlen, Ø 6 mm	weiß
5 Wachsperlen, Ø 8 mm	gold
5 Wachsperlen, Ø 12 mm	weiß

2,50 m Messingdraht, Ø 0,4 mm
50 cm Bouillondraht, Ø 2,5 mm, gold

Stern nach dem Grundmodell auf Seite 14
fädeln.
Für die Füllung 1 Stäbchen, 10 mm, 1 Perle,
Ø 4 mm, silber, aufnehmen. Den Draht um die
Zackenspitze legen, zwischen Perle und
Stäbchen weiterführen und 1 neues Stäbchen,
20 mm, aufnehmen. Zur nächsten Ecke führen
und diese umschlingen (Zeichnung). Vorgang
noch viermal wiederholen. Die zweite Runde der
Füllung ebenso arbeiten. Dabei die 10 mm
langen Stäbchen verwenden und die 20 mm
langen Stäbchen umschlingen. Die Füllung
beenden, Draht fixieren und abschneiden. Den
Stern mit Bouillondraht gleichmäßig umspinnen.

Beschreibung Stern „Erika" (oben) siehe Seite
16.

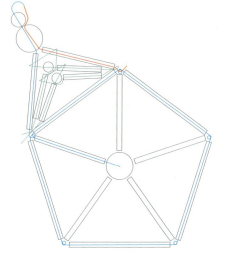

Monika

Der Komet

Auch mit Glasstäben lassen sich durch kleine Veränderungen des Grundmodells auf Seite 14 wunderschöne Kometen herstellen.

Komet in Silber-Gold , Ø 13 cm (unten)

23 Glasstäbe, 15 mm	silber
2 Glasstäbe, 30 mm	silber
17 Wachsperlen, Ø 3 mm	gold
10 Wachsperlen, Ø 6 mm	gold
7 Tropfenperlen	gold
5 Oliven, 9 mm	gold

1,80 cm Messingdraht, Ø 0,4 mm
40 cm Bouillondraht, Ø 2,5 mm, silber

Fädeln Sie den Kometen nach dem Grundmodell von Seite 8. Achten Sie darauf, dass zu Beginn 6 Dreiecke gebildet werden. Diese mit 5 goldenen Oliven verbinden. Zum Schließen der Runde fädeln Sie je 1 goldene Perle, Ø 3 mm, 6 mm, 6 mm, 3 mm, auf den Draht. Gestalten Sie dann die 5 Außenzacken nach der Anleitung des Grundmodells.

Für den Kometenschweif auf den Draht aufnehmen: 1 Glasstab, 30 mm, 1 Tropfenperle, 1 Perle, Ø 6 mm, und 3 Perlen, Ø 3 mm. Den Draht durch 4 Perlen zurückführen und so die Schweifspitze bilden (Zeichnung). Weiterfädeln mit: 1 Glasstab, 15 mm, 2 Perlen, Ø 3 mm, 1 Perle, Ø 6 mm, und 2 Perlen, Ø 3 mm. Den Draht zwischen die Perlen, Ø 6 mm, des Sterns einhängen und durch alle Perlen zurückfädeln. Schweifspitze gegengleich fertigstellen. Den Draht fixieren und abschneiden. Den fertigen Stern mit Bouillondraht gleichmäßig umspinnen.

Goldener Komet, Ø 11 cm (oben)

23 Glasstäbe, 15 mm	silber
2 Glasstäbe, 30 mm	silber
9 Wachsperlen, Ø 3 mm	gold
13 Wachsperlen, Ø 4 mm	gold
8 Wachsperlen, Ø 8 mm	gold
6 Wachsoliven, 9 mm	gold

1,60 cm Messingdraht, Ø 0,4 mm
40 cm Bouillondraht, Ø 2,5 mm, silber

Dieser Komet wird genauso wie der silber-goldene Komet gearbeitet.

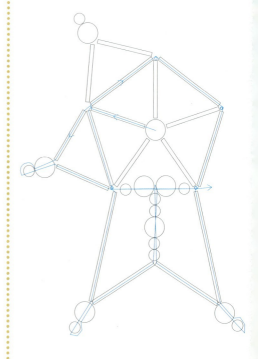

Glocken

Material für Glocke	links	blau	rechts
Glasstäbe, 10 mm, silber	10	10	10
Glasstäbe, 20 mm, silber	5	5	5
Glasstäbe, 30 mm, silber	6	6	6
Wachsperlen, Ø 3 mm, gold	26	26	16
Wachsperlen, Ø 3 mm, blau	--	5	--
Wachsperlen, Ø 6 mm	21 gold	32 blau	6 gold
Wachsperlen, Ø 8 mm	21 gold	5+1 gold+blau	1 gold
Perlenkappen, gold	1	3	1
Tropfenperlen, gold	1	--	1
Kegelperlen, gold	--	--	10
Strasskugeln, Ø 6 mm, gold	--	--	5
Wachsperle, Ø 18 mm, gold	1	--	--
Perlenscheibe, gold	--	1	--
Riffelperle, 20 mm, gold	--	--	1

2 m Messingdraht, Ø 0,4 mm
50 cm Bouillondraht, Ø 2,5 mm, gold

Die Glocke wird von der Glockenkuppel zum
Glockenrand gearbeitet. Beginnen Sie gemäß
der Zeichnung alle Glasstäbe und Perlen auf-
zufädeln. Die Glockenform ergibt sich durch die
Verbindung der 20 mm langen Stäbe mit den
Perlen (Ø 6 mm).
Der untere Perlenrand wird parallel zu den
Glasstäben gefädelt.
Beispiel rechte Glocke: Auf den Draht 1 Perle,
Ø 3 mm, 1 Kegelperle, 1 Strassperle, 1 Kegel-
perle, 1 Perle, Ø 3 mm, auffädeln. Die nächste
Perle, Ø 6 mm, des Glockenrandes umschlingen
usw.
Die Verzierung der linken Glocke wird nach
dem gleichen Prinzip gearbeitet. Dabei wird der
Bogen zwischen die 30 mm langen Stäbe gelegt.
Das Zackenmuster der blauen Glocke wird mit
einem separaten Draht eingefügt. Ein Ende am
oberen Rand einhängen, verdrehen. 1 Perle
Ø 3 mm, gold, 2 Perlen, Ø 6 mm, blau, 1 Perle,
Ø 3 mm, gold, auffädeln. Draht durch die blaue
Perle, Ø 6 mm, zurückführen, 1 Perle, Ø 6 mm,
blau, 1 Perle, Ø 3 mm, gold, aufnehmen. Draht
am oberen Rand anschlingen, zum nächsten
Feld führen, Vorgang noch viermal wiederholen.
Nach der Fertigstellung alle Drähte fixieren,
abschneiden und mit Bouillondraht umspinnen.
Für den Klöppel die Perlen und den Stab auf
einen doppelt gelegten Draht fädeln, durch die
Glockenkuppel ziehen und die Perlenkappe
aufsetzen. Die restlichen Perlen auffädeln und
damit den Aufhänger bilden. Drähte fixieren
und abschneiden.

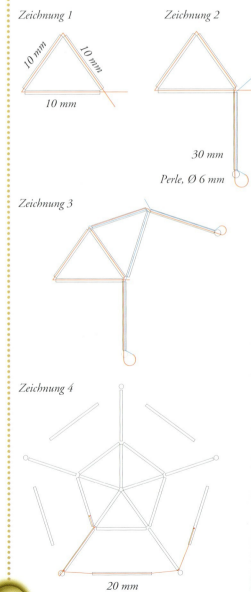

Zeichnung 1

10 mm / 10 mm / 10 mm

Zeichnung 2

30 mm

Perle, Ø 6 mm

Zeichnung 3

Zeichnung 4

20 mm

Der Engelschor

Süße Engelchen gehören zu Weihnachten wie Kerzen, Sterne und Glocken. Dieses bezaubernde Modell läßt sich sowohl hängen als auch stellen.

Material für Engel	rot	blau	weiß
14 Glasstäbe, 10 mm	gold	gold	silber
9 Glasstäbe, 20 mm	gold	blau	silber
5 Glasstäbe, 30 mm	gold	--	weiß
Wachsperlen, Ø 3 mm	25 gold	38 blau	21+25 gold+weiß
Wachsperlen, Ø 4 mm	32 rot	36 blau	36 gold
Wachsperlen, Ø 6 mm	10 rot	12 blau	7 weiß
Wachsperlen, Ø 8 mm	7+3 gold rot	18 blau	8 gold
Perle, Ø 18 mm, silber	1	--	1
Riffelperle, Ø 20 mm, gold	--	1	--
Tropfenperlen, 18 mm, gold	2	7	2
Perlenkappe, groß	1	1	1
Perlenkappen, klein	2	2	2

2 m Messingdraht, Ø 0,4 mm
60 cm Bouillondraht, Ø 2,5 mm

Beginnen Sie mit dem Rock. Die Grundform dafür ist die Glocke von Seite 22.
Beachten Sie, dass beim blauen Engel die langen Glasstäbe durch verschiedene Perlen ersetzt werden (siehe Abbildung). Den fertigen Rock mit Bouillondraht umspinnen.
Nach Zeichnung 1 Körper, Kopf, Haare, Arme fertigen. Dazu auf 50 cm Draht 1 Perle, Ø 8 mm, aufnehmen, Draht doppelt legen. Beide Enden von unten durch die Rockkuppel ziehen. Auf beide Drähte die große Perlenkappe, die Perle, Ø 18 mm, und 1 Perle, Ø 3 mm, ziehen. Drähte trennen, auf jedes Ende 9 Perlen, Ø 3 mm, fädeln. Drähte mit Perlen um die Perle, Ø 18 mm, legen, einmal um Hals wickeln. Für die Arme auf jeden Draht 1 Tropfenperle, 1 Perle, Ø 8 mm, 1 kleine Perlenkappe, 1 Perle, Ø 6 mm, fädeln.

Draht durch Perlenkappe, Perle, Tropfenperle zurückführen, Draht am Hals befestigen. Engel wenden, Flügel nach Zeichnung 2 fädeln. Drähte um Hals wickeln, abschneiden. Flügel mit Bouillondraht umwickeln.

Zeichnung 1

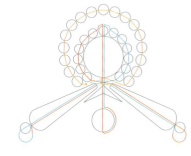

Zeichnung 2

Eiskristalle

Ø 8,5 cm, 7,5 cm, 13 cm

Material für Eiskristall	links	unten	rechts
Glasstäbe in Silber			
10 mm	12	12	12
15 mm	24	--	--
20 mm	--	24	--
30 mm	--	--	24
Wachsperlen, Ø 3 mm, silber	8	8	8
Wachsperlen, Ø 6 mm, silber	8	--	--
Wachsperlen, Ø 8 mm, silber	--	8	--
Acrylperlen, Ø 12 mm, transp.	8	--	14
Tropfenperlen, silber	--	--	8

1,50 cm Messingdraht, Ø 0,3 mm
40 cm Bouillondraht, Ø 2,5 mm, silber

Die Mitte des Kristalls bilden drei ineinander gefädelte Quadrate (Oktaeder).

Auf ein Drahtende 4 Glasstäbe, 10 mm, aufnehmen, zu einem Quadrat legen und verdrehen (Zeichnung 1, rote Linie).

2 Stäbe aufnehmen, eine Ecke bilden und den Draht anschlingen. 2 weitere Stäbe aufnehmen und diese anschlingen (grüne Linie).

1 Stab aufnehmen und anschlingen. Diesen Vorgang noch dreimal wiederholen (blaue Linie).

Die acht großen Zacken werden entlang des ersten roten Quadrates in 2 Runden gefädelt.

1 Stab, 20 mm, und die Perlen, Ø 8 mm und 3 mm, aufnehmen und den Draht durch die vorletzte Perle zurückführen. 1 Stab aufnehmen und am roten Quadrat anschlingen (Zeichnung 2). Diesen Vorgang dreimal wiederholen (Runde 1). Die nächsten vier Zacken werden ebenso gefädelt (Runde 2). Alle acht Zacken liegen jetzt in einer Doppelreihe um den Oktaeder. Den Draht fixieren und abschneiden.

Mit einem separaten Draht werden zwei gegenüberliegende Zacken wie folgt verbunden: Draht unter der Perle, Ø 8 mm, andrahten, 1 Stab aufnehmen und an der Oktaederspitze anschlingen. 1 neuen Stab auffädeln, den Draht unter der Perle der anderen Zacke fixieren und abschneiden. Diesen Vorgang noch dreimal wiederholen. Den Kristall mit Bouillondraht umspinnen.

Die beiden anderen Kristalle werden ebenso gearbeitet. Orientieren Sie sich dazu an der Abbildung.

Beim großen Kristall werden mit einem separaten Draht noch 6 Acrylperlen eingefügt.

Zeichnung 1

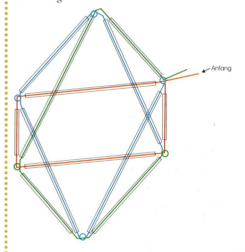

Anfang

Zeichnung 2

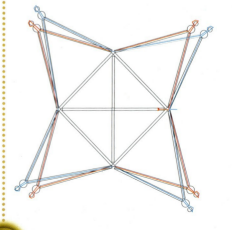

Kleiner Fensterstern „Margit"

Ø 17 cm (oben)

49 Glasstäbe, 30 mm	gold
6 Glasstäbe, 20 mm	gold
6 Wachsperlen, Ø 6 mm	gold
6 Wachsperlen, Ø 3 mm	gold
6 Riffelperlen, Ø 20 mm	gold

3 m Messingdraht, Ø 0,4 mm
1 m Bouillondraht, Ø 2,5 mm, gold

3 Stäbe, 30 mm, und 1 Stab, 20 mm, auffädeln und ein Trapez formen (Zeichnung 1). Das Drahtende mit dem Fädeldraht verdrehen. Jeweils 1 Stab, 30 mm, 20 mm, und wieder 30 mm auf den Draht aufnehmen und damit das zweite Trapez bilden. Den Draht an das erste Trapez anschlingen (Zeichnung 2). Diesen Vorgang noch viermal wiederholen.
Den Draht durch ein Stäbchen nach außen führen. 1 Stäbchen aufnehmen, zur nächsten Trapezspitze legen und diese mit dem Draht umschlingen (Zeichnung 3). Diesen Vorgang wiederholen, bis auf einer Seite alle Trapeze verbunden sind. Den Draht durch das 20 mm lange Stäbchen fädeln und die andere Seite verbinden.
Für die Sternspitze 1 Stab, 30 mm, 1 Riffelperle, 1 Perle, Ø 6 mm, und 1 Perle, Ø 3 mm, aufnehmen. Den Draht durch die Perle, Ø 6 mm, und die Riffelperle zurückfädeln. Erneut 1 Stab, 30 mm, aufnehmen und den Draht anschlingen (Zeichnung 4). Diesen Vorgang noch fünfmal wiederholen.
Den Draht durch den 20 mm langen Stab auf die Gegenseite führen. 1 Stab, 30 mm, aufnehmen und diesen zur Riffelperle legen. Den Draht unterhalb der Perle anschlingen und 1 Stab, 30 mm, aufnehmen. Den Draht am Trapez anschlingen und so die Zacke fertigstellen. Diesen Vorgang noch fünfmal wiederholen. Draht fixieren und abschneiden. Den Stern mit Bouillondraht umspinnen.

Beschreibung der Schneeflocken siehe Seite 32.

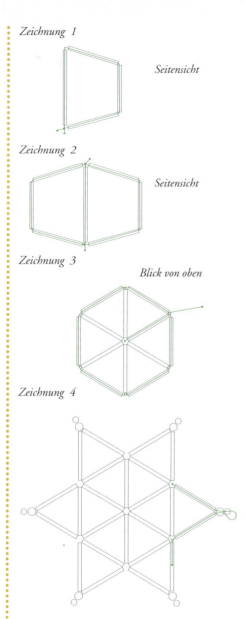

Zeichnung 1

Seitensicht

Zeichnung 2

Seitensicht

Zeichnung 3

Blick von oben

Zeichnung 4

Großer Fensterstern „Gloria"

Ø 29 cm

61 Glasstäbe, 30 mm	gold
18 Glasstäbe, 20 mm	gold
12 Wachsperlen, Ø 3 mm	gold
6 Wachsperlen, Ø 6 mm	gold
12 Wachsperlen, Ø 10 mm	gold
6 Wachsperlen, Ø 15 mm	weiß
12 Riffelperlen, Ø 12 mm	gold
12 Tropfenperlen, 20 mm	gold

5 m Messingdraht, Ø 0,4 mm
1,50 cm Bouillondraht, Ø 2,5 mm

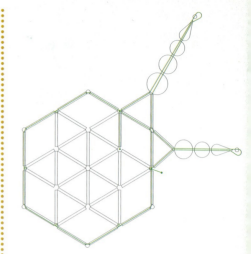

Das Innere des großen Fenstersternes wird wie
beim kleinen Fensterstern „Margit" (siehe Seite
28) beschrieben gearbeitet. Es werden lediglich
die Perlen weggelassen.
An einer Zackenspitze mit einem neuen Draht
beginnen, dazu das Ende einhängen und
verdrehen. 1 Stab, 20 mm, 1 Perle, Ø 6 mm, 1
Stab, 20 mm, aufnehmen und den Draht an der
nächsten Zacke anschlingen. Vorgang
wiederholen, bis die Runde geschlossen ist.
Abwechselnd eine kleine und eine große Zacke
wie folgt fädeln: Kleine Zacke: 1 Stab, 20 mm, 1
Riffelperle, 1 Perle, Ø 10 mm, 1 Tropfenperle, 1
Perle, Ø 3 mm, 1 Stab, 20 mm.
Große Zacke: 1 Stab, 30 mm, 1 Perle, Ø 15
mm, 1 Riffelperle, 1 Perle, Ø 10 mm, 1
Tropfenperle, 1 Perle, Ø 3 mm, 1 Stab, 30 mm.
Den Draht fixieren und abschneiden. Mit
Bouillondraht den fertigen Stern gleichmäßig
umspinnen.

Schneeflocken

Ø 11,5 cm (Abbildung Seite 29 unten)

Modell	„Carina"	„Verena"
Material für Flocke	*links*	*rechts*
Glasstäbe, 15 mm	*11*	*11*
	gold	*silber*
Glasstäbe, 20 mm, gold	*10*	*10*
Glasstäbe, 30 mm	*10*	*10*
	gold	*silber*
Perlenkuppeln, gold	*5*	*10*
Wachsperlen, Ø 3 mm	*5*	*5*
	gold	*silber*
Wachsperlen, Ø 6 mm silber	*--*	*5*
Riffelperlen, Ø 12 mm, silber	*5*	*--*
Tropfenperlen, gold	*5*	*--*
Perlenscheiben, gold	*--*	*5*
Strassrondelle, gold	*--*	*5*

1,60 m Messingdraht, Ø 0,4 mm

Beginnen Sie die Konstruktion der Schneeflocke mit den 15 mm langen Glasstäben. Die ersten beiden Arbeitsschritte entsprechen dem Grundmodell von Seite 14 (Zeichnung 1 + 2). Fädeln Sie dann zwischen den Dreiecken noch eine Runde mit 30 mm langen Glasstäben und verschiedenen Perlen (Zeichnung 3).
Durch ein 15 mm langes Stäbchen den Draht zur Zackenspitze führen.
Die einzelnen Dreiecke mit den 20 mm langen Glasstäben verbinden. 1 Stäbchen aufnehmen und den Draht um die Perle legen. Erneut 1 Stäbchen aufnehmen und an der kleinen Dreiecksspitze anschlingen (Zeichnung 4). Draht fixieren und abschneiden.

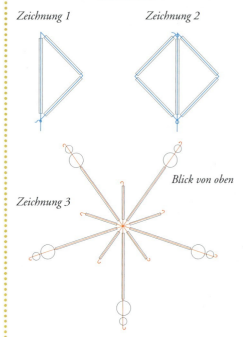

Seitenansicht

Zeichnung 1 *Zeichnung 2*

Blick von oben

Zeichnung 3

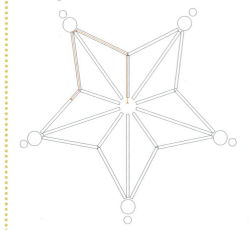

Zeichnung 4